BOOK REVIEW

THÉORIE GÉNÉRALE DE L'EMPLOI, DE L'INTÉRÊT ET DE LA MONNAIE

RÉSUMÉ ET ANALYSE
DU LIVRE DE JOHN M. KEYNES

Par Alberto Bomba

50MINUTES.fr

LA THÉORIE GÉNÉRALE DE L'EMPLOI, DE L'INTÉRÊT ET DE LA MONNAIE

UNE APPROCHE SOCIALE ET RÉVOLUTIONNAIRE POUR ATTEINDRE LE PLEIN EMPLOI

John Maynard Keynes publie sa *Théorie générale de l'emploi, de l'intérêt et de la monnaie* le 5 février 1936, fruit de six ans de travail ininterrompu. Cette parution a lieu au lendemain de l'inauguration de l'Arts Theatre à Cambridge (Angleterre), dont il a financé la quasi-totalité de la construction – Lydia Lopokova (1892-1981), son épouse, est la danseuse étoile de la première représentation, et nombreux sont ceux qui ironiseront sur la hiérarchie donnée aux événements par Keynes. Peu de temps après, ce dernier est victime d'un infarctus qui le contraint à réduire son rythme de travail. Pourtant, malgré son état de faiblesse, la révolution keynésienne est en marche.

En effet, sa *Théorie* est un chef-d'œuvre qui incarne un moment charnière de l'histoire de la pensée économique. Pour comprendre pleinement son message, il semble nécessaire de s'attarder sur la vie de son auteur, mais également de le replacer dans son contexte. Intellectuel, professeur d'économie à Cambridge, polémiste habile, haut fonctionnaire, spéculateur financier et passionné de théâtre, Keynes engage une rupture avec le passé dans le domaine de la théorie économique, en modifiant son approche pour la rendre plus sociale.

Son œuvre s'adresse à ses confrères économistes restés fidèles à la théorie classique, alors même que celle-ci se révèle incapable de résoudre les problèmes économiques du « monde concret » (p. 371), c'est-à-dire ceux se rapportant « au chômage et au cycle économique » (p. 10). À cette époque en effet, les répercussions de la crise de 1929 sont encore très prégnantes, et Keynes s'attelle à démontrer que les faits réfutent les hypothèses émises par la théorie classique.

Cette dernière s'est érigée en véritable bastion du laissez-faire politique, longtemps considéré – à tort, dit Keynes – comme antidote au chômage. Pour ce professeur de Cambridge, il ne s'agit pas de relever des « erreurs logiques » ou des « incohérences dans la superstructure » (p. 10) des théories de ses pairs ; ces derniers semblent simplement exprimer, par des exemples particuliers et abstraits, ce que le penseur arrive à inscrire dans un cadre analytique plus général.

Si l'économie classique avait plutôt porté son attention sur les lois qui guident l'économie de la production, l'économie keynésienne analyse quant à elle la façon dont les composants de la demande globale des systèmes économiques – à savoir, la consommation en biens et services ainsi que les investissements – interagissent entre eux pendant les périodes de croissance faible ou de récession. Ainsi Keynes montre pourquoi, face à un chômage excessif, l'intervention publique et les politiques de relance sont les moyens les plus efficaces pour surmonter les crises économiques, même si celles-là sont appliquées en condition de déficit budgétaire. L'idée développée par Keynes est que l'économie peut être sociale.

L'adjectif « générale » du titre est le symbole de la subversion keynésienne dans le domaine de la théorie économique. Si le concept d'« équilibre de sous-emploi des ressources » forme la clé de voûte de son immense édifice théorique, les concepts de « demande effective » et de « propension à consommer » sont, quant à eux, deux outils critiques développés pour démontrer le règne d'une confiance aveugle en l'efficacité du marché à se réguler lui-même, quand l'expérience nous démontre le contraire.

Quelques données

- **Référence ?** Keynes (John Maynard), *Théorie générale de l'emploi, de l'intérêt et de la monnaie*, Paris, Payot & Rivages, 2005.
- **1re édition ?** 1936
- **Auteur ?** John Maynard Keynes (économiste britannique, né en 1883 à Cambridge et mort en 1946 à Firle, en Angleterre)
- **Courant ?** Macroéconomie keynésienne
- **Mots-clés ?**
    - Équilibre de sous-emploi : situation dans laquelle, même s'il existe un équilibre

entre l'offre et la demande de salaires, celui-ci ne correspond pas au plein emploi.

- Demande effective : la somme des dépenses effectivement réalisées qui détermine le revenu global d'un système économique.
- Propension à consommer : rapport entre le revenu d'une communauté et ses dépenses en consommation.
- Spéculation : opération financière risquée qui consiste à anticiper les fluctuations du marché en achetant un bien dans le but de le revendre ultérieurement avec un bénéfice.

MISE EN CONTEXTE

L'AUTEUR

La naissance d'un économiste

John Maynard Keynes naît à Cambridge le 5 juin 1883. Le jeune Keynes est un garçon timide, doué d'une intelligence raffinée et quelques fois arrogant. Ses succès scolaires à Eton (Angleterre) lui permettent d'entrer au King's College de Cambridge où il étudie les mathématiques et les lettres classiques. Il commence alors à se consacrer sérieusement à l'étude de l'économie sous la pression d'Alfred Marshall (1842-1924), célèbre économiste de Cambridge.

Durant ses années d'étude, Keynes entre dans la société des Apôtres, un cercle franc-maçonnique qui regroupe d'importants acteurs de la vie culturelle britannique. Il fréquente surtout Duncan Grant (peintre écossais, 1885-1978), des intellectuels comme Bertrand Russell (épistémologue anglais, 1872-1970) et George Edward Moore (philosophe anglais, 1873-1958), ainsi que des romanciers tels que Lytton Strachey (1880-1932) et Virginia Woolf (1882-1941).

Keynes possède une disposition plutôt pragmatique vers les deux mondes qui l'intéressent vraiment, celui des affaires et celui de la politique. Après avoir terminé ses études, il participe à un concours pour devenir fonctionnaire public et obtient un emploi à l'Indian Office (département gouvernemental britannique).

Le saviez-vous ?

Selon la tradition anglaise, être premier au concours du Civil Service ouvre les portes du Trésor public. Ironie du sort, Keynes n'arrive que deuxième à cause d'une mauvaise note obtenue à... l'épreuve d'économie !

Ses débuts en tant qu'auteur

À l'Indian Office, la faible masse de travail qui lui incombe lui permet d'écrire la première version d'un traité sur le système monétaire indien (publié en 1913 sous le titre de *La monnaie et les finances de l'Inde*) et un essai sur la théorie des probabilités. Bien que la carrière académique ne soit jamais devenue une priorité pour Keynes, il démissionne en 1908 pour entrer au King's College de Cambridge comme lecteur universitaire.

En 1909, grâce à la première version de ce qui deviendra son *Traité sur la probabilité*, il commence à enseigner activement et devient en peu de temps maître de conférence en science économique, membre du King's College et, avec l'aide de Marshall, rédacteur en chef de l'*Economic Journal* et secrétaire de la Royal Economic Society.

Un tournant décisif : la Grande Guerre

La notoriété acquise avec la publication de *La monnaie et les finances de l'Inde* lui ouvre la voie de la Royal Commission on Indian Currency and Finance où il multiplie les succès professionnels. Contre l'avis de ses amis pacifistes, il entre au Trésor public à la veille de la Première Guerre mondiale (1914-1918) et y travaillera jusqu'en 1919. En effet, son ambition affichée de gérer, de manière innovante, différents problèmes relatifs au financement de l'effort de guerre, surtout en ce qui concerne la gestion des crédits entre la Grande-Bretagne et ses alliés, le mène à entrer dans les arrière-boutiques intergouvernementales.

À la fin de la guerre, il est nommé représentant du chancelier de l'Échiquier (c'est-à-dire du ministre des Finances) au Conseil supérieur des affaires économiques. Cela permet à Keynes de participer à la conférence de paix qui s'est tenue à Paris en 1919. Cependant, frustré de ne pas pouvoir prendre la parole pendant les négociations, il démissionne avant la signature du traité de Versailles (1919).

Le traité de Versailles

Le traité de Versailles est un traité de paix signé pendant la conférence de Paris (1919-1920). Il met officiellement fin à la Première Guerre mondiale et impose à l'Allemagne le paiement d'une indemnité de guerre d'un montant astronomique – et injuste – de 132 milliards de marks. Or, il s'agit d'un chiffre au-delà des capacités de toute nation.

Keynes écrit alors *Les conséquences économiques de la paix*, un pamphlet qui l'amènera au cœur de la vie politique anglaise et le rendra célèbre dans toute l'Europe. Dans ce texte, indifférent envers ceux qui l'accusent d'être un traître à l'*establishment* anglais, il dénonce publiquement le manque de bon sens des conférenciers qui imposent à l'Allemagne des coûts de réparation démesurés. Selon lui, ces lourdes sanctions rendent le terrain fertile pour l'émergence de la pauvreté, d'un extrémisme politique et d'un climat insurrectionnel.

Lorsqu'il quitte sa fonction au Trésor public, Keynes entre dans le conseil d'administration de la Provincial Insurance Company et celui de la National Mutual Life Assurance Society, où il obtiendra bientôt la présidence. Entre-temps, il publie la version définitive du *Traité sur la probabilité* (1921) et de *La réforme monétaire* (1923).

Keynes et la politique

Avec la publication de *La fin du laissez-faire* (1926), l'économiste suggère un rôle plus actif de l'État dans l'économie afin de conjuguer équité, liberté et efficacité, en particulier face à l'émergence des systèmes totalitaires en Italie, en Allemagne et en Union soviétique. Il accepte à cette époque le rôle de consultant gouvernemental pour un projet de travaux publics mis en place par le Parti libéral afin de combattre le chômage. Au début des années 1930, quand la santé de l'économie anglaise s'aggrave sous les effets de la Grande Dépression, il devient président de l'Economic Advisory Council ainsi que membre du Committee on Finance and Industry et publie le *Traité sur la monnaie* (1930).

La Grande Dépression

La Grande Dépression est la récession qui frappe l'économie mondiale à la suite du célèbre krach de la Bourse de New York, qui sévit entre le 24 et le 29 octobre 1929, dates respectivement connues sous le nom de « jeudi noir » et de « mardi noir ». Par sa durée, son intensité et le nombre de pays impliqués, cette crise est considérée comme l'un des événements économiques les plus importants du XXe siècle.

Pour se faire une idée de l'ampleur de cette catastrophe économique, il faut rappeler que le 24 octobre 1929, près de 13 millions d'actions sont vendues à la baisse, tandis que le 29 octobre, 10 millions de titres, dont la valeur chutait à moins de la moitié, sont encore mis en vente. L'aspect le plus remarquable parmi les effets de cette panique financière est que le chômage augmente de manière géométrique aux États-Unis pendant les trois années qui suivent : de deux millions de chômeurs en 1929, on passe à quatre millions en 1930 pour atteindre les huit millions en 1931.

Keynes est désormais un protagoniste de la vie politique anglaise à tous égards, si bien qu'il est invité en 1934 à la Maison-Blanche, où il rencontre le président des États-Unis, Franklin D. Roosevelt (1882-1945). Ce dernier, admirateur de Keynes, vient de lancer un vaste programme d'intervention nationale pour redresser l'économie américaine, le New Deal.

Le New Deal

Le New Deal est le nom du plan d'intervention publique mis en œuvre par le président américain Franklin D. Roosevelt entre 1933 et 1937, qui a pour objectif de faire sortir le pays de la Grande Dépression dans laquelle il est plongé. Pour ce faire, Roosevelt prend des mesures contre la pauvreté et la défense des masses populaires.

Ce programme introduit des règles pour limiter les formes extrêmes de capitalisme oligopolistique et financier spéculatif, des lois limitatives à l'encontre du pouvoir des *trusts* (grandes entreprises qui dominent un ou plusieurs marchés industriels), la restructuration du système de crédit ainsi qu'une réforme fiscale. D'autre part, il établit la garantie des minimums salariaux, un vaste programme de travaux publics et une loi pour la sécurité sociale qui garantit la retraite à la plus grande partie des travailleurs.

En 1936, Keynes publie la *Théorie générale de l'emploi, de l'intérêt et de la monnaie*. Le succès de cet ouvrage consacre sa réputation de théoricien de l'économie.

Après une période de convalescence à la suite d'une crise cardiaque, Keynes revient travailler pour le Trésor britannique en 1940 sur invitation personnelle de Winston Churchill (homme politique britannique, 1874-1965), maintenant devenu Premier ministre (1940-1945). Au début de la Seconde Guerre mondiale (1939-1945), Keynes est le conseiller du chancelier de l'Échiquier. L'année suivante, il entre dans le Conseil des directeurs (Court of Directors) de la Banque d'Angleterre. En 1941, comble de l'ascension sociale, Keynes finit par être nommé Lord de Tilton.

À partir de ce moment, il consacre son activité de diplomate aux problèmes liés aux relations économiques internationales. Il effectue de nombreux voyages aux États-Unis afin de négocier les conditions des prêts contractés par l'Angleterre auprès de Washington pour soutenir l'effort de guerre.

En 1944, quand le deuxième conflit mondial s'achève, il est à la tête de la délégation britannique pendant la conférence de Bretton Woods (1944). Ici, il sera le principal protagoniste avec son homologue de la délégation américaine, Harry Dexter White (économiste américain, 1892-1948), avec qui il avait auparavant préparé le terrain pour les négociations. L'objectif de

Keynes est d'amener les Alliés vers un accord équitable pour l'Angleterre, mais surtout capable d'équilibrer la puissance économique des États-Unis, le pays le moins affaibli parmi les Alliés, et sa prédominance dans l'établissement du nouvel ordre mondial.

En 1946, Keynes, premier baron de Tilton, souffrant, se retire dans sa maison de campagne à Firle où il décède le 21 avril, à l'âge de 62 ans.

CONTEXTE

Les années 1930 : la stabilité économique face à la Grande Dépression

Pendant la phase de reconstruction qui suit la Grande Guerre, la première exigence dans le champ économique européen est la reconstruction d'une structure productive, non plus au regard des exigences de la guerre, mais bien de celles de la paix : une structure capable de faire renaître la confiance entre les États européens.

L'économie anglaise est alors prise entre, d'un côté, la préoccupation de perdre son rôle de centre financier mondial sous la menace de l'économie américaine en pleine expansion et, de l'autre, l'inertie d'une économie en récession.

Pour faire face à cette situation, le chancelier de l'Échiquier Winston Churchill soutient qu'il est nécessaire de garantir la supériorité de la livre sterling sur le marché financier. C'est pour cette raison qu'en 1925, il impose l'introduction de l'étalon-or en Angleterre, ce qui reporte par là même le taux de change livre sterling-dollar au niveau d'avant-guerre.

L'ÉTALON-OR

L'étalon-or (ou *Gold Standard* en anglais) est un système de paiement international qui prévoit un lien étroit entre la quantité de monnaie en circulation et les réserves d'or d'un pays. Ainsi, ce système permet d'établir des taxes d'échange fixes entre les différentes devises nationales. Si un billet d'un pays est convertible en dix milligrammes d'or et celui d'un autre en deux milligrammes, alors la monnaie du premier pays vaut cinq fois celle du second.

Dans la pratique, ce type d'accord impose que la monnaie papier soit toujours convertible en or. Dès lors, les banques centrales utilisent le taux d'intérêt afin de maintenir la stabilité de l'équivalence entre la quantité de billets et les réserves d'or : ceci est nécessaire au maintien de la confiance dans la valeur stable de la devise et à la possibilité d'éviter des fuites de capitaux. Aussi, si on considère le taux d'intérêt comme le coût de la monnaie, c'est sur la base de ces mouvements que les agents économiques jugent s'il est préférable de maintenir le montant d'une devise ou de le convertir en or, et inversement.

Peu après, Keynes écrit un pamphlet, encore une fois explicitement critique envers l'*establishment* britannique, qui dénonce les conséquences économiques des décisions prises par Churchill. Il est contre cette décision d'introduire l'étalon-or pour des raisons politiques autant qu'économiques.

- D'une part, il s'agit d'accepter une politique d'austérité qui est, dans le même temps, un piège pour le gouvernement anglais lui-même. En effet, victime d'une politique de déficit budgétaire, ce dernier ne pourrait plus entreprendre de programmes publics, s'il ne veut pas perdre sa crédibilité au niveau international.

- D'autre part, Keynes prévoit de terribles répercussions pour la production industrielle anglaise. Selon lui, la valeur de la livre sterling, trop valorisée par rapport au dollar, fera rapidement perdre toute compétitivité aux exportations. En effet, en 1926 (un an après l'entrée en vigueur de l'étalon-or), le taux de chômage en Angleterre atteint les 20 % de la population active, poussant l'économie britannique vers une récession à laquelle s'ajouteront les effets néfastes de la crise économique de 1929. À l'échelle internationale, la crise provoque un véritable effondrement du commerce. En 1932, on observe une baisse des exportations mondiales de 72 % en valeur et de 60 % en volume. En Angleterre, fin 1936, la quantité d'exportations se réduit aux deux tiers de celle de 1929.

Le rôle de l'État

Pour mieux comprendre la *Théorie générale de l'emploi, de l'intérêt et de la monnaie*, il faut donc retenir qu'elle est élaborée pendant une période

– la Grande Dépression – où la production mondiale se réduit, de manière variable en fonction des pays, de 30 % à 50 %. Aux États-Unis, le taux de chômage dans l'industrie passe de 5 % en 1929 à 38 % en 1933 ; en Allemagne, il ira jusqu'à toucher 50 % de la population active, devenant l'un des facteurs décisifs pour l'avènement du national-socialisme.

Comme Keynes l'avait prévu, la politique de l'étalon-or paralyse l'action de la Banque d'Angleterre. Cette dernière est désormais impuissante face à l'aggravation des conditions du commerce international. Elle est en effet obligée de maintenir un taux d'intérêt élevé pour protéger la valeur de ses réserves d'or et éviter des fuites de capitaux ; une tâche d'ailleurs incompatible avec toute politique d'encouragement des investissements, pourtant nécessaires pour sortir de la stagnation économique selon Keynes.

Afin d'y remédier, le 21 septembre 1931, le Gouvernement anglais abandonne l'étalon-or, entraînant par là même l'effondrement définitif de la structure monétaire internationale. Keynes approuve cette décision, même s'il est conscient que désormais, l'Angleterre risque une perte de capitaux considérable. L'économiste anglais demeure convaincu qu'une intervention financière publique est toujours préférable lorsque le manque de confiance et la peur des citoyens peuvent différer à l'infini la reprise de l'investissement privé.

C'est pour cette raison que durant cette période, Keynes avait continué à soutenir les différentes propositions du Parlement anglais, favorable au lancement de programmes de travaux publics afin de stimuler l'économie, au grand dam de Churchill. Mais ces propositions étaient systématiquement rejetées par le gouvernement conservateur avec l'argumentaire de la *Treasury view*, position officielle du Cunliffe Committee – un comité constitué de 12 membres, dont 9 banquiers, et présidé par Walter Cunliffe (banquier anglais, 1855-1920) – créée pour étudier les aspects financiers de la reconstruction de l'après-guerre.

La *Treasury view*

En politique économique, la *Treasury view* est une maxime qui déconseille d'utiliser l'intervention publique afin de relancer l'activité économique, car cet emploi des dépenses publiques ne pourrait avoir que des effets négatifs.

Selon cette théorie, l'augmentation des investissements publics en faveur de l'économie n'a aucun impact sur l'activité économique totale parce qu'il ne fait que remplacer ce qui aurait été effectué par le secteur privé. De plus, l'État se retrouverait ainsi en concurrence directe avec les investisseurs privés sur le marché des capitaux pour les financements des investissements. Les conséquences d'une intervention publique dans le marché sont toujours neutralisées par les effets négatifs que cette intervention aura sur le montant total de l'investissement privé en raison de l'augmentation du taux d'intérêt.

Keynes, devenu entre-temps membre du Committee on Finance and Industry, commence à affiner ses argumentations contre les politiques d'austérité avant de changer sa stratégie pour mettre en cause le caractère dominant de la *Treasury view*.

La *Théorie* est donc le fruit de ce débat et le lieu où nous trouvons systématisées toutes les réflexions théoriques de Keynes. Il y montre que les investissements publics peuvent stimuler l'initiative privée de façon indirecte, à travers une chaîne de processus particuliers de dépenses que Keynes nomme « multiplicateurs ». Ainsi, il démontre que l'endettement public n'augmentera pas nécessairement les taux d'intérêt au point de décourager l'investissement privé, comme le présuppose la *Treasury view* : au contraire, l'endettement stimulera une augmentation généralisée des investissements grâce à une augmentation de l'emploi et de la consommation qui donnera immanquablement confiance aux agents économiques.

SYNTHÈSE DE LA *THÉORIE GÉNÉRALE DE L'EMPLOI, DE L'INTÉRÊT ET DE LA MONNAIE*

Dans la *Théorie* de Keynes prennent forme toutes les thématiques sur lesquelles l'économiste anglais a réfléchi depuis son *Traité sur la probabilité* et le contenu de ses cours sur la théorie monétaire de la production tenus à Cambridge entre 1932 et 1933. Il décrit le monde des affaires de façon innovante par rapport à ses prédécesseurs, en proposant une représentation totalement différente du marché. Le fonctionnement de ce dernier est expliqué par les interactions entre entités économiques globales ou « agrégats ».

L'économie keynésienne est une « macroéconomie » : elle nous fait basculer d'une approche classique de type « micro », qui considère les comportements individuels, à une analyse des comportements collectifs en situation d'incertitude.

En effet, Keynes considère que les comportements individuels ne peuvent pas être reliés à une théorie des probabilités au sens mathématique. Il est plutôt persuadé que ce sont les comportements de masse qui conditionnent l'action individuelle. Dans le marché, où le temps ne s'arrête jamais, l'avenir incertain pousse les sujets vers les choix les moins contraignants possible. Pour cela, Keynes privilégie l'analyse de décisions économiques de court terme et se place du point de vue de l'entrepreneur qui modifie les volumes de production en réduisant ou en augmentant la main-d'œuvre selon les nécessités et les conditions du moment.

La *Théorie* est essentiellement composée de deux parties.

- Une *pars destruens* où Keynes expose les raisons qui le poussent à refuser la loi de Say. Cette dernière stipule que la compétitivité est une condition nécessaire et suffisante pour dépasser les crises économiques, car c'est l'offre qui crée sa propre demande. Autrement dit, puisque la compétitivité s'assurera que la production puisse se mettre en marche au moyen des effets de la loi de l'offre et de la demande, la loi de Say prescrit une implémentation du régime de libre-échange pour relancer les commerces. Le niveau des échanges économique ne pourra augmenter qu'en raison de l'augmentation des biens produits.

- Ensuite, la *pars construens*, dont l'exposition débute avec le principe de la demande effective. Ici, Keynes examine l'interaction entre les facteurs qui composent la « demande globale » – les dépenses en consommation et en investissements – afin de donner une explication analytique du procès de formation du revenu d'équilibre (c'est-à-dire quand l'offre correspond à la demande réelle des consommateurs). En opposition à la doctrine du « laissez-faire », il veut prouver qu'une intervention publique de stimulation de l'emploi est indispensable pour la reprise du commerce et que la lutte contre le chômage joue constamment un rôle essentiel pour la stabilité économique. En outre, Keynes veut montrer que les marchés financiers sont les points faibles de l'économie parce qu'une mauvaise gestion des capitaux peut conduire, dans le champ de l'économie réelle, vers des déséquilibres pour la collectivité. Il en est ainsi non pas parce que ces marchés sont les théâtres de comportements irrationnels, mais plutôt parce que la vérification de la compatibilité entre les choix présents et futurs des agents ainsi que l'anticipation de leurs actions sont ardues, voire impossibles pour les économistes.

LA CRITIQUE KEYNÉSIENNE DE LA LOI DE SAY ET DE L'HYPOTHÈSE DU PLEIN EMPLOI DES RESSOURCES

Les trois premiers chapitres de la *Théorie* sont consacrés à la détermination des facteurs stratégiques nécessaires pour combattre le chômage. Le fonctionnement du marché du travail est une thématique qui est présente en filigranes tout au long de l'ouvrage. Elle sera reprise en détail dans les livres V et VI, après que Keynes a confirmé son hypothèse : un système économique ne tend pas à utiliser toutes les ressources disponibles. À ce propos, il écrit dans la préface :

> « Il nous semble que jusqu'à une date récente les doctrines associées au nom de J.-B. Say [économiste français, 1767-1832] ont dominé partout la science économique beaucoup plus qu'on ne l'a cru. [Les économistes n'ont pas rejeté] le

> sophisme d'après lequel la demande serait créée par l'offre. Say suppose implicitement que le système économique travaille constamment à pleine capacité, de telle sorte qu'une activité nouvelle se substituerait toujours et ne s'ajouterait jamais à une autre activité. Presque toute la théorie économique postérieure découle de la même hypothèse en ce sens que cette hypothèse lui est nécessaire. Or il est évident qu'une théorie fondée sur une telle base ne saurait convenir à l'étude des problèmes se rapportant au chômage et au cycle économique. » (p. 8)

L'idée que « la demande serait créée par l'offre » – ou encore, dire que la production ouvre des débouchés aux produits – signifie chez Say que lorsqu'il y a un excès de production dans un marché (l'offre), les prix tendront à toujours descendre sous l'effet de la loi de l'offre et la demande. Cette chute des prix rendra possible la formation d'une nouvelle demande, c'est-à-dire qu'elle relancera automatiquement la consommation.

Pour Say et ses partisans, on peut appliquer ce raisonnement à la totalité des situations économiques, c'est-à-dire autant aux consommateurs qu'aux entrepreneurs, autant aux moments de crise qu'aux moments d'expansion économique.

Aussi Keynes affirme-t-il que Say « suppose implicitement que le système économique travaille constamment à pleine capacité » (p. 9). Pour ce dernier, l'économie est un échange continu de biens contre d'autres biens, dans un milieu où la monnaie n'a pas de rôle : l'argent gagné sur les ventes est dépensé immédiatement. Ainsi, le vendeur est aussi toujours un acheteur qui offre des débouchés aux productions des autres.

Or, Keynes estime que ce raisonnement est incorrect parce qu'il ne couvre aucune typologie de crise. D'ailleurs, Keynes affirme que pour ses collègues économistes, il n'y a jamais de crises de surproduction, car ils n'ont pas remis en cause l'idée que la demande serait créée par l'offre : bien que la distribution des ressources puisse s'avérer inefficace (par exemple, face à l'ensemble des besoins de la collectivité, il peut arriver qu'on produise en quantités excessives certains biens et d'autres en quantités insuffisantes), ils affirment implicitement qu'il y aura toujours quelqu'un, sur chaque marché, disposé à acheter quelque chose ou à investir de l'argent.

Avant tout, Keynes considère comme fausse l'hypothèse selon laquelle la loi de l'offre et de la demande pousse les entrepreneurs et les producteurs à toujours se disputer les facteurs de production (travail et capitaux) mis à disposition sur le marché, afin d'engranger des profits. Pour le prouver, il commence à déconstruire deux orientations économiques qui découlent de l'idée que le système économique travaille constamment à pleine capacité :

- une baisse des salaires réels est toujours propédeutique (une démarche préparatoire) pour relancer l'économie ;
- l'équilibre entre épargne et investissement est toujours assuré par les variations de taux d'intérêt.

La première proposition affirme implicitement que la persistance des récessions est due principalement à des frictions dans le marché du travail qui contraint la libre concurrence. La présence de syndicats ou de salaires minimums fixes empêche les salaires d'atteindre des valeurs concurrentielles. Si les salaires se réduisaient sous la pression de la concurrence des chômeurs, ils pourraient atteindre un niveau où le système absorberait toute la main-d'œuvre disponible. Ainsi, selon cette vision contestée par Keynes, soit le chômage est une volonté propre, soit il est issu d'un système social qui n'a pas lieu d'être.

Quant à la deuxième proposition, elle est le parfait exemple de la nouveauté que la macroéconomie keynésienne apporte à la discipline économique. Sa méthode et sa façon d'analyser les liens entre la problématique du chômage et le manque d'investissements nous donnent à voir jusqu'à quel point les remèdes à la basse croissance supportés par Say et ses disciples étaient mécaniques, voire illogiques.

Selon leur point de vue – exclusivement orienté vers la production –, une récession ne provient jamais d'un problème du côté de la demande. Il s'ensuit que dans une récession, le chômage est un remède plutôt qu'un problème, parce que n'importe quelle augmentation des salaires réels ne pourra qu'augmenter la demande de manière fictive. Autrement dit, une augmentation des salaires réels n'est rien de plus qu'une source d'inflation qui altère la loi de l'offre et de la demande des biens de consommation.

Keynes adhère tout à fait à l'idée que si les entrepreneurs augmentent leur production ainsi que leur nombre d'employés, ces derniers contribuent évidemment à l'acquisition des marchandises produites en plus. Aussi soutient-il que c'est toujours le niveau d'emploi (et pas celui de la production) qui détermine le volume de la consommation.

Les économistes classiques sont tombés, selon Keynes, dans le piège de la « loi du sens commun » selon laquelle si l'emploi augmente, le revenu réel augmente aussi et inversement. Cela revient à « supposer toutes les difficultés résolues » et à décrire l'économie telle que « nous aimerions » qu'elle soit et non comme « elle se comporte réellement » (p. 60).

Pour Keynes, par contre, les crises économiques surviennent quand n'importe quel détenteur de monnaie – c'est-à-dire les acteurs de la vie économique – a tendance à économiser son argent plutôt qu'à le dépenser. En termes keynésiens, on peut y avoir un niveau de demande globale insuffisant. Cette hypothèse se base sur l'idée de thésaurisation, cette volonté de conserver ses capitaux, issus de son salaire, de ses profits ou de ses intérêts, hors du circuit économique.

La thésaurisation

Supposons que le montant épargné par la collectivité pendant une période donnée est plus grand que le montant qu'elle décide d'investir ou de dépenser en consommation de biens. En d'autres termes, le revenu monétaire qui passe dans les ménages venant des entreprises sous forme de salaires ne revient qu'en petite partie aux entreprises. Cela signifie qu'une partie du revenu, le montant épargné, est sortie du circuit monétaire.

Lorsque la consommation diminue, les entreprises sont alors contraintes de réduire la production et l'engagement de nouveaux employés. En conséquence, cette situation précaire conduit les ménages à réduire encore plus leurs dépenses ultérieures, ce qui continue d'influencer négativement le phénomène. Ainsi, une réduction des salaires ne permettrait pas de booster l'emploi, au contraire !

Ainsi, Keynes considère que ces analyses économiques construites autour de l'idée qu'un système économique tend vers le plein emploi des ressources (à savoir que l'argent gagné sur les ventes est entièrement dépensé et que c'est l'offre qui crée sa propre demande) ne sont pas toujours valides : il en va ainsi dans des situations d'incertitude ou de crise, de même que dans des périodes de spéculation financière par exemple, lorsque le vendeur ne peut ou ne veut pas, faute de moyens financiers, devenir consommateur.

Après avoir analysé en détail le rôle joué par la demande effective, on peut mieux comprendre ce que Keynes conteste dans la seconde proposition, qui affirme implicitement que l'épargne est une marchandise quelconque et que le taux d'intérêt est le prix d'usage de l'épargne. En vertu de cette idée, les moments de faible croissance peuvent être raisonnablement considérés comme transitoires.

Ainsi, toujours selon le schéma de Say, la faillite des activités économiques – dont le chômage est un signe annonciateur – rend possible la remise à disposition d'un certain montant des épargnes et par conséquent, une baisse du taux d'intérêt favorable à la création de nouveaux investissements. Ainsi, puisque c'est sur base du taux d'intérêt – le coût de la monnaie – que les entrepreneurs jugent s'il est préférable d'épargner ou d'investir, les disciples de Say affirment que ces mouvements tendent automatiquement à guider les nouveaux investissements en garantissant de nouvelles activités.

Or, pour Keynes, ce mécanisme équilibrant du taux d'intérêt ne fonctionne pas toujours compte tenu de la thésaurisation. En effet, tout le revenu gagné n'est pas toujours dépensé, et tout le revenu épargné n'est pas systématiquement réinvesti. On ne peut donc décemment assurer que le taux d'intérêt régule mécaniquement le rapport entre le montant du revenu qui est épargné ou dépensé en investissements. Pour Keynes, le niveau épargné résulte essentiellement du niveau de revenu, et donc de l'emploi.

Afin que les économistes comprennent la dynamique des dépressions économiques, il leur faut donc s'appliquer à mieux analyser les liens entre le volume de l'emploi et celui de l'investissement. Après avoir montré l'inutilité du recours au chômage dans cette *pars destruens*, Keynes nous introduit au cœur de sa thèse : il soutient, dans cette seconde partie, qu'une baisse de la demande globale conduit à une réduction de la production. La cause des dépressions n'est donc pas un salaire trop important par rapport au taux d'emploi, mais une insuffisance dans les composants de la demande globale, à savoir les dépenses en investissements et consommation. Pour nous en convaincre, Keynes utilise le principe de demande effective.

LA DEMANDE EFFECTIVE

La demande effective est le premier concept fondamental formulé par Keynes dans la *Théorie*. Même s'il s'agit d'un principe abstrait – qui renvoie à une valeur au sens mathématique, représentée par un point dans l'espace géométrique –, il demeure essentiel à la structure de cet ouvrage.

Il est important de garder à l'esprit que Keynes adopte le point de vue des entrepreneurs pour décrire le fonctionnement le plus adéquat d'un système économique. Par exemple, la demande effective sous-tend que ces acteurs économiques ont un rôle fondamental pour déterminer l'équilibre du marché. Ainsi, la demande effective est un outil mathématique, conçu pour les économistes, qui permet de représenter graphiquement le volume réel des transactions finalisées « au point de la courbe de la demande globale où elle est coupée par celle de l'offre globale » (p. 53). Autrement dit, elle est une représentation du volume de la demande globale qui est réalisée effectivement.

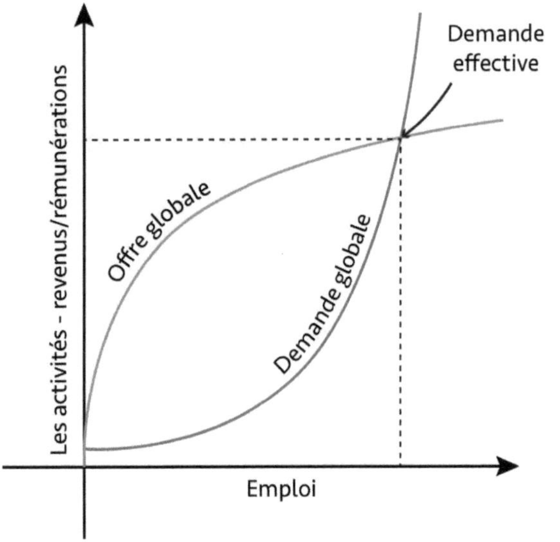

Aussi le principe de la demande effective est-il l'idée centrale de la macroéconomie keynésienne. Grâce à ce concept, Keynes veut retourner le sophisme sous-jacent à la « loi des débouchés »

(p. 8) de Say (pour lequel la demande serait créée par l'offre) et veut montrer pourquoi, inversement, soit le niveau de la production soit celui d'emploi dépend des décisions d'investir prises eu égard aux prévisions des entrepreneurs sur la demande globale.

Afin de faciliter la compréhension de sa *Théorie*, Keynes montre, avec ces considérations sur la demande effective, pourquoi le rythme de l'économie ne dépend pas directement du fonctionnement de la loi de l'offre et de la demande, mais dépend plutôt du niveau des profits que les entrepreneurs espèrent réaliser avec leur production en proportion au nombre de travailleurs occupés.

La demande globale est la dépense totale d'une collectivité, c'est-à-dire la somme des dépenses en biens de consommation, services et investissements. Symétriquement, du point de vue des entrepreneurs, elle indique le volume des produits qu'ils prévoient d'encaisser au regard de la dépense totale de la collectivité, y compris celle effectuée par toutes les entreprises en concurrence sur le marché.

Du côté de l'offre, afin de simplifier le modèle, la démonstration du fonctionnement de la demande effective est donc appliquée à l'échelle du court terme, dans une économie fermée au commerce international. D'après cette hypothèse, la technologie de production demeure moins déterminante que les calculs des entrepreneurs sur la quantité de travail nécessaire (pour la quantité de biens qu'ils sont disposés à produire) et sur les coûts qu'ils croient raisonnables d'engranger afin de les produire.

Keynes démontre que l'emploi est logiquement la variable fondamentale, car elle constitue l'élément commun aux deux points de vue de l'entrepreneuriat : c'est le salaire qui permet de consommer (et donc de vendre le produit) et, dans le même temps, c'est le travail qui permet de produire (et donc de faire des profits). En ce sens, pour représenter cet équilibre, il suffit d'associer les deux fonctions qui représentent à la fois les coûts de production (l'offre) et les perspectives de vente (la demande) avec le nombre de travailleurs actifs.

Ainsi, même si ces deux fonctions expriment une relation entre des prix et des quantités, elles diffèrent conceptuellement de celles utilisées par Say. D'ailleurs, étant donné que la demande globale est la somme de la consommation et des investissements (car en l'absence d'investissement, il n'y a ni production, ni emploi, ni consommation), il en résulte pour Keynes que c'est toujours l'offre qui suit la demande.

En outre, le concept de demande effective joue un rôle pivot, car il permet d'expliquer en quoi le mécanisme de marché n'est pas toujours apte à déterminer un ensemble de prix, y compris le prix du travail (c'est-à-dire le salaire) et le prix du capital (c'est-à-dire le taux d'intérêt), tel que la demande globale soit toujours égale à la production potentielle, comme le prétendait la loi de Say.

Ce principe explique en partie pourquoi, à l'avis de Keynes, il y n'a aucune garantie que le système atteigne son niveau d'utilisation maximale de la capacité productive disponible : il est en effet plutôt fréquent que la production effective demeure inférieure à son niveau potentiel (c'est-à-dire inférieure au niveau de production qu'on pourrait atteindre avec le plein emploi des ressources).

Quand la demande globale est élevée, lorsque les entrepreneurs ont confiance en la situation économique, ils sont plus enclins à investir jusqu'à ce que la capacité productive soit pleinement utilisée, c'est-à-dire jusqu'à ce que le produit effectif soit égal au produit potentiel. Mais si la demande globale est faible, les entreprises réduisent leur production et le nombre de travailleurs, jusqu'à ce que la quantité de biens proposée sur le marché soit égale à la demande globale. C'est ce que Keynes appelle « l'équilibre de sous-emploi » (p. 55), un véritable équilibre macroéconomique qui, toutefois, induit la présence de chômage.

Ce renversement de perspective est significatif. Keynes introduit l'idée que dans un système économique, les sujets n'ont pas des comportements standardisés : aussi n'y a-t-il pas une tendance « naturelle » (p. 60) au plein emploi.

Keynes, comme nous le verrons, donne un rôle considérable soit aux prévisions des investisseurs, soit aux ménages et à leur consommation. Le reste de la *Théorie* sera en grande partie consacré à l'examen des facteurs qui influencent la demande effective : la propension à consommer pour ce qui concerne la demande globale, ainsi que le multiplicateur et le taux d'intérêt pour ce qui concerne l'offre globale. Ces deux facteurs régissent le montant des dépenses en consommation et en investissement dans une économie. Il est donc fondamental de les analyser afin de mieux comprendre pourquoi, selon Keynes, le système capitaliste est hautement instable. Aussi nécessite-t-il souvent une intervention publique qui a pour but d'encourager l'utilisation des ressources.

LA PROPENSION À CONSOMMER

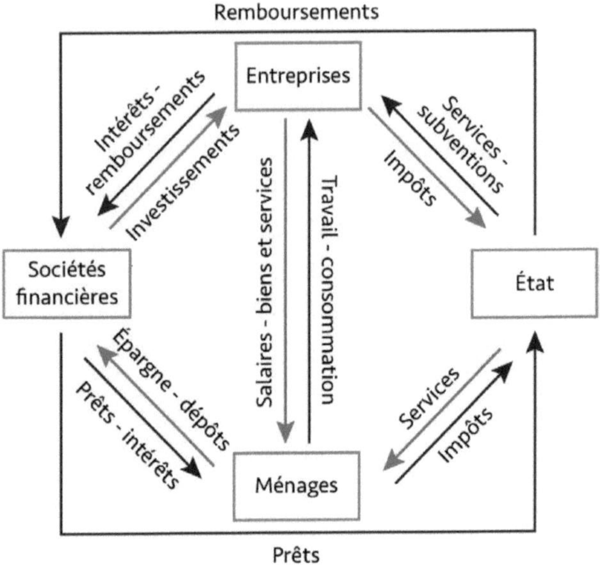

Théorie générale de l'emploi, de l'intérêt et de la monnaie © 50MINUTES.fr

La propension à consommer est une idée centrale dans la révolution keynésienne, selon laquelle les crises économiques persistent à cause d'un trop faible niveau de la demande globale. Dans le livre III de la *Théorie*, Keynes définit la propension à consommer comme la portion du revenu qui est consacrée à la consommation.

Dès lors, l'instabilité des sociétés capitalistes est induite par ce que Keynes appelle la « loi psychologique fondamentale » (p. 60) : même si le revenu réel d'un ménage augmente, la consommation globale n'augmente qu'en proportion mineure. Autrement dit, bien que les revenus augmentent, la consommation laissée à elle-même, censée soutenir la demande effective, n'augmente pas proportionnellement.

Nous avons déjà vu que pour Keynes, la fuite hors du circuit économique d'une partie des revenus – reçus sous forme de salaires, profits ou intérêts – est souvent à l'origine d'une faible croissance.

- Soit le revenu monétaire des ménages, provenant des entreprises sous forme de salaires, ne revient qu'en petite partie à ces mêmes entreprises parce que le montant épargné par ces ménages augmente.
- Soit la faillite de certaines activités diminue la consommation des ménages pendant une crise économique.

Quelle que soit la situation, cela signifie qu'une partie du revenu est sortie du circuit monétaire.

Les deux cas, bien que différents, touchent le même problème en termes keynésiens : ils affectent le rapport entre le revenu total d'un système et une composante de la demande globale, à savoir la consommation.

À la lumière de ces observations, Keynes s'efforce de distinguer les décisions de consommation et celles d'investissements, même si les deux font partie de la même demande globale.

- D'un côté, la consommation et l'épargne dépendent du revenu et sont donc naturellement à l'intérieur de la circulation monétaire.
- De l'autre, les investissements dépendent plutôt de la confiance et des anticipations des entrepreneurs. On peut logiquement les considérer comme étant initialement hors du circuit monétaire, car ce sont eux qui déterminent le niveau d'emploi qui peut conduire au revenu d'équilibre de la demande effective.

Ainsi, si on observe le graphique de la demande effective (voir La demande effective), nous sommes en mesure de comprendre pourquoi les courbes de la demande globale et de l'offre sont différentes, bien que les deux expriment le point de vue des mêmes entrepreneurs.

- La courbe de l'offre est montante, soit parce qu'à de plus grands profits que les entrepreneurs pensent obtenir correspondra de plus hauts niveaux de production et d'emplois nécessaires, soit parce que, de façon symétrique, les coûts et les profits augmentent seulement si le nombre de travailleurs et le montant des investissements augmentent.
- La courbe de demande globale connaît quant à elle une pente ascendante moins raide que celle de l'offre. En effet, les profits sont conditionnés par les anticipations des entrepreneurs et investisseurs sur le niveau de la demande globale, qui, à son tour, est conditionnée par l'un des aspects de la « loi psychologique fondamentale » (p. 60) : on ne dépense jamais tout le revenu que l'on gagne. Keynes en déduit que si la demande globale est faible (si une augmentation régulière de la propension à consommer n'a pas lieu), il ne serait pas plus avantageux pour les entrepreneurs de maintenir haut le niveau de production. C'est pour cette raison que la croissance peut toujours diminuer jusqu'à se développer en crise économique.

Pour bien comprendre

Si nous prenons en considération deux salaires, l'un élevé (A) et l'autre sensiblement plus faible (B), la personne qui reçoit le premier aura logiquement un revenu plus haut ainsi que davantage d'occasions d'épargner que la seconde. De son côté, celui qui gagne le salaire B aura même tendance à dépenser la quasi-totalité de son salaire mensuel. Par conséquent, on considère que la propension à consommer de ce dernier est plus élevée que celle de la personne qui gagne le salaire A.

De ce fait, Keynes en déduit qu'au niveau macroéconomique, plus une société est riche, plus elle tendra à épargner, c'est-à-dire qu'elle aura une propension à consommer de plus en plus faible. En d'autres termes, cette société serait plus exposée aux risques liés à une faible demande globale ou à un manque de confiance, car elle sera de plus en plus exposée aux effets de l'écoulement de la monnaie hors du circuit monétaire.

Keynes décrit cette instabilité du capitalisme à l'aide d'un oxymore : l'économie d'aujourd'hui souffre, selon lui, du « paradoxe de la pauvreté au sein de l'abondance » (p. 57). Son idée est que plus une société est riche, plus ses membres sont « obligé[s] de découvrir des occasions d'investissement beaucoup plus nombreuses » que ceux qui évoluent au sein d'une « communauté pauvre » où les agents ont une « tendance à consommer la part de beaucoup la plus importante de sa production et [où] un très faible montant d'investissement suffit à y assurer le plein emploi » (p. 58). Keynes nous montre pourquoi, à mesure que le montant de la consommation nécessaire pour le maintenir à son niveau de richesse augmente, s'accroît aussi la confiance nécessaire pour garantir la croissance économique.

En fait, le niveau de la demande globale, indispensable aux entrepreneurs pour récupérer les coûts de production, est situé plus haut. Ainsi, une société riche doit investir davantage, car l'accumulation d'une grande quantité de capitaux entraîne une augmentation des risques liés à l'investissement. Keynes soutient donc qu'une crise économique perdure parce que le climat d'incertitude (induit par la crise) fait basculer l'économie dans un cercle vicieux : la chute de la consommation entraîne la chute de la production qui, à son tour, provoque une chute de l'emploi et ainsi de suite. En effet, pendant les moments de faible croissance, « plus la marge tend à s'élargir entre [la] production potentielle et [la] production réelle [d'une économie, plus] les défauts du système économique sont apparents et choquants » (p. 57).

Afin de sortir d'une récession, il n'existe qu'une seule solution : stimuler la demande globale afin que l'augmentation de la consommation rende les investisseurs plus confiants. Keynes soutient l'importance de l'intervention de l'État en ces temps de crise : selon lui, il faut que les pouvoirs publics assument cette tâche de stimuler la croissance ce qui, par l'effet multiplicateur, donnera une nouvelle impulsion aux investisseurs privés.

LE MULTIPLICATEUR D'INVESTISSEMENT

Avec le concept de demande effective, Keynes montre qu'une augmentation de la demande globale donne confiance aux entrepreneurs qui seront encouragés à augmenter la production. Ensuite, avec son modèle du multiplicateur, Keynes met en exergue le rôle essentiel de l'État dans la reprise économique en montrant comment, dans une situation d'équilibre de sous-emploi ou de crise économique, les pouvoirs publics peuvent efficacement encourager de nouveaux investissements en donnant à nouveau confiance aux différents acteurs du marché économique, qu'il s'agisse des entrepreneurs ou des consommateurs.

Selon Keynes, l'investissement est la variable autonome pour la détermination du revenu : étant donné que la consommation ne peut s'accroître qu'avec une augmentation du revenu, l'investissement public peut activement stimuler la demande globale en favorisant une nouvelle distribution des revenus. Selon la *Théorie*, les programmes publics d'investissement peuvent raisonnablement amener à une distribution en cascade de revenus à un point tel que le montant de la consommation finale sera supérieur à celui de l'investissement initial (et, ce faisant, ce processus entraîne une augmentation du montant d'épargne dans le système qui ralentit une hausse du taux d'intérêt).

Pour bien comprendre

Supposons que l'État se soit engagé à financer un nouveau projet de travaux publics. La somme dépensée est équivalente à une rentrée d'argent pour les entreprises contractantes. Celles-ci chargeront d'autres entreprises plus petites de sous-traiter d'autres parties du travail, et ainsi de suite. De cette façon, on enclenche un mécanisme qui produit de nouveaux emplois, salaires, profits et intérêts. Les dépenses initiales conduisent ainsi à une augmentation du revenu global qui se déploie en progression proportionnellement déterminée.

La politique fiscale et les investissements publics peuvent générer un effet boule de neige qui n'entraînera pas seulement une augmentation du nombre de salariés, mais engendrera un processus plus complexe.

Une augmentation de la dépense publique peut entraîner une hausse de la production totale, supérieure au montant investi au départ, car les revenus distribués pendant les différentes vagues du processus ne seront pas entièrement dépensés. Avec la consommation, le montant épargné augmente également. Ainsi, grâce au multiplicateur, Keynes démontre qu'on peut également faire confiance à la hausse de l'épargne qui suit l'augmentation des revenus pour relancer une économie.

De plus, grâce au multiplicateur et aux études systématiques sur les habitudes de dépense et d'épargne de la population, les économistes peuvent prévoir dans quelle mesure l'État peut influencer la propension à épargner d'un système économique.

> « Le multiplicateur indique de combien il faut que l'emploi public augmente pour produire un accroissement de revenu qui suffise à lui faire consentir le surcroît d'épargne nécessaire [à financer de nouveaux investissements].

> L'épargne étant la pilule et la consommation la confiture, il faut que le supplément de confiture soit proportionné à la dimension de la pilule additionnelle. » (p. 137)

En somme, le mécanisme du multiplicateur montre que l'effet expansionniste déterminé par l'intervention publique donne des résultats qui vont s'ajouter à ceux découlant de l'initiative privée. Pour Keynes, les pouvoirs publics ne sont donc pas en concurrence directe avec les investisseurs privés sur le marché des capitaux, ainsi que l'affirme l'école de la *Treasury view*. Avec cette conception, l'économiste anglais tente de justifier la politique interventionniste que l'État peut vouloir mettre en place. À côté des concepts de demande effective et de propension à consommer (deux idées fondamentales au sein de la théorie de Keynes), le rôle du multiplicateur nous donne à voir l'originalité de sa pensée sur le rôle de l'État, les investissements et les épargnes.

LA THÉORIE KEYNÉSIENNE DU TAUX D'INTÉRÊT

Après avoir exposé le concept de demande effective et le rôle essentiel joué par le multiplicateur des investissements dans une économie, il ne reste plus qu'à analyser la façon dont Keynes conçoit le rapport entre économie réelle et financière pour comprendre pourquoi son argument en faveur de l'intervention publique dans le marché a marqué un tournant radical dans l'histoire de la discipline économique.

Pour résumer, Keynes, soutenu par ses connaissances en mathématiques, a montré que le montant total d'épargne disponible dans un système économique peut augmenter lors d'une intervention publique grâce à l'effet du multiplicateur des investissements. Ainsi, il a prouvé que l'État n'est pas nécessairement un concurrent direct pour les particuliers sur le marché des capitaux, contrairement à ce que soutenait la *Treasury view*.

Par ailleurs, il a dénoncé l'idée que le chômage puisse être utile à la reprise économique en soulignant que la principale source d'instabilité dans un système économique est la propension des citoyens à ne pas augmenter leurs dépenses à mesure que leurs revenus augmentent. C'est ce qu'on appelle la thésaurisation : si la propension à épargner (qui est un cas particulier de thésaurisation) dans un système augmente excessivement, l'effet du multiplicateur lui-même peut en être réduit, le rendant par là même inefficace à stimuler la demande effective.

À la lumière de tous ces éléments, on comprend pourquoi l'économiste britannique ne conçoit pas les taux d'intérêt comme un mécanisme de marché efficace pour équilibrer le montant du revenu épargné et celui investi. Comme nous le verrons, l'idée fondamentale de Keynes est que le développement du marché financier entraîne une augmentation des effets de la thésaurisation.

Si l'on observe les raisons pour lesquelles un individu veut investir, force est de constater que ce sont les taux d'intérêt qui motivent sa décision de consommer aujourd'hui, d'investir en activités productives ou financières, ou d'épargner (p. 302). D'ailleurs, souligne Keynes, dans des situations d'incertitude, c'est la monnaie liquide qui est préférée, car elle est la seule à avoir l'avantage de pouvoir être convertie instantanément en n'importe quel autre bien, soit en un investissement, soit en un bien de consommation. Par contre, elle ne permet pas de produire des revenus. En effet, une augmentation de l'épargne ne peut correspondre ni à une augmentation des investissements d'aujourd'hui ni à une augmentation de la consommation future.

Ainsi, Keynes réfute l'hypothèse selon laquelle l'égalité entre épargne et investissement sera toujours assurée par les variations de taux d'intérêt : on ne peut pas considérer l'acte d'épargner comme le revers de la médaille de l'acte d'investir. Le taux d'intérêt est conçu, dans la *Théorie*, comme une récompense pour avoir renoncé à la liquidité, contrairement à ce que soutient Say.

Aussi peut-on mieux comprendre pourquoi le marché financier est le lieu où les choix contraignants pour l'avenir des consommateurs, entrepreneurs et investisseurs s'influencent les uns les autres et constituent donc le point faible d'une économie.

L'EFFICACITÉ MARGINALE DU CAPITAL ET LA PRÉFÉRENCE POUR LA LIQUIDITÉ

Pour ce qui concerne l'économie réelle, du point de vue de la production, Keynes affirme que l'entrepreneur, lorsqu'il doit décider de réaliser ou non un projet, compare les recettes qu'il prévoit de gagner en augmentant l'investissement de son entreprise (ce que Keynes appelle le « rendement escompté de l'investissement », p. 158) avec les profits qu'il croit obtenir en raison du niveau d'intérêt s'il offrait en prêt ses épargnes (en d'autres mots, son capital) à quelqu'un d'autre.

Ce choix que l'entrepreneur est contraint de faire afin d'augmenter la valeur de son patrimoine est appelé « comparaison entre l'efficacité marginale du capital et les taux d'intérêt » (p. 155) : il s'agit du quatrième facteur qui détermine les investissements dans un système économique, aux côtés des anticipations, de la confiance et de la spéculation.

Selon Keynes, la stabilité de l'économie globale est constamment diminuée à cause de l'augmentation du volume des transactions boursières, et plus spécifiquement en raison de la progressive distinction entre la propriété et la gestion des entreprises, dont les activités sont souvent influencées par l'actionnariat et par les choix des fonds d'investissement plutôt que par les décisions d'un entrepreneur unique. Si la possibilité de ratisser les épargnes sur le marché des capitaux a certainement favorisé les investissements, elle a toutefois miné leur stabilité à cause de la forte spéculation que subissent ces types de marchés.

La séparation entre propriété et gestion a en fait influencé la stabilité de l'évaluation des titres et, en conséquence, de la valeur réelle des investissements. Nombreux sont ceux qui décident d'investir en ne connaissant que mal les conditions réelles de l'entreprise, attirés par la seule perspective de gains à court terme. De façon symétrique, les marchés financiers tendent à réagir avec ferveur à ce qui peut indiquer qu'il existe de nouvelles perspectives de profits. L'économie réelle est donc plus sujette à des crises de panique ou d'euphorie.

Dans ce schéma, Keynes introduit le concept de « préférence pour la liquidité » (p. 180) afin de catégoriser les différentes utilisations que l'on peut faire de la monnaie en circulation par rapport à l'influence exercée sur la production. Il écrit explicitement que « le concept de thésaurisation peut être considéré comme une première approximation du concept de préférence pour la liquidité » (p. 187). Dans le circuit keynésien de la production, la monnaie est utilisée pour des motifs de transactions génériques et de précaution, sous l'influence directe du niveau des taux d'intérêt, mais aussi pour des motifs de spéculation, qui dépendent ici inversement du niveau des taux d'intérêt.

LE RÔLE DE L'ÉTAT SUR LA MONNAIE ET SUR L'INVESTISSEMENT

Étant donné que le taux d'intérêt influence le choix des entrepreneurs (par rapport à l'efficacité marginale du capital), il est possible de s'appuyer sur les taux d'intérêt afin de stimuler la reprise économique. Par exemple, si le taux d'intérêt est trop haut, les investissements s'avèrent trop chers : il peut donc être judicieux de les abaisser, et inversement.

Selon Keynes, les dirigeants des pouvoirs publics, en gérant les effets provoqués par la préférence pour la liquidité – à savoir, en anticipant les préférences des spéculateurs au moyen de calcul sur la rapidité et les coûts qu'ils jugent supportables pour convertir leur monnaie thésaurisée en revenus –, peuvent aussi influencer le rapport entre les épargnes et les investissements dans l'économie réelle et, par conséquent, impacter le volume de l'emploi.

Toutefois, Keynes croit qu'en règle générale, il est plus efficace pour l'État de profiter de l'effet multiplicateur par le moyen de programmes de travaux publics, car l'on doit s'abstenir d'accorder trop de confiance au prix de la monnaie comme outil de politique économique.

L'inquiétude de Keynes concerne le fait que si les taux sont déjà trop bas, continuer à les baisser revient à courir le risque pour les autorités monétaires de tomber dans la « trappe de la liquidité » (p. 127) et perdre le contrôle du marché de la monnaie. En s'alignant sur un taux d'intérêt trop bas, la demande à des fins spéculatives devient illimitée, les épargnants purement spéculatifs – par exemple, les grands fonds d'épargne – étant peu enclins à investir aujourd'hui, car convaincus d'une augmentation future des taux.

Et c'est exactement ce qui, selon Keynes, se passe pendant une crise financière telle que la Grande Dépression. La confiance en des profits futurs ne fait qu'empêcher indéfiniment une reprise des investissements et de l'emploi, ce que Keynes exprime dans cette phrase célèbre : « Dans le long terme, nous sommes tous morts. » (« *In the long run we are all dead* », KEYNES (John M.), *A Tract on Monetary Reform*, p. 80).

Cependant, aujourd'hui, l'économiste est non seulement capable de comprendre pourquoi l'efficacité du marché à se réguler lui-même est illusoire, mais il a également des instruments pour suggérer à l'homme d'État des solutions immédiates et judicieuses pour le bien-être et la prospérité de la communauté. C'est dans cet état d'esprit que le projet keynésien – dont la *Théorie* n'est qu'une petite partie – promeut l'interdiction du laissez-faire :

> « En ce qui me concerne, je pense que le capitalisme, intelligemment compris, est probablement plus à même de subir certains aménagements qui le rendraient plus efficace dans sa poursuite d'objectifs économiques que tout autre système alternatif proposé actuellement – et cela bien qu'il reste critiquable à bien des égards. » (KEYNES (John M.), *The End of Laissez-Faire*, p. 34)

RÉPERCUSSIONS DE L'OUVRAGE

LA *THÉORIE* DE KEYNES AUJOURD'HUI

Keynes nous a expliqué pourquoi l'État assume une importance fondamentale pour limiter l'instabilité du marché, toujours plus sensible à la financiarisation massive de l'économie.

À travers sa politique économique, un État peut influencer les composants de la demande effective afin d'amener l'économie hors d'une dépression, de la pousser vers le plein emploi des ressources ou vers une croissance durable :

- au niveau de la consommation, en utilisant les allocations ou une politique fiscale favorable à la consommation immédiate ;
- au niveau des investissements, en lançant des programmes de travaux publics pour profiter de l'effet multiplicateur ;
- au niveau de la politique monétaire, en variant

le niveau du taux d'intérêt, soit en l'augmentant pour éviter la spéculation, soit en le diminuant pour encourager les investissements.

Même si toutes les recommandations de la *Théorie* ne peuvent pas être appliquées automatiquement à une économie ouverte, Keynes avait prévu le paradoxe selon lequel, dans une société avec une forte inégalité de revenus et sous les effets de la mondialisation, les choix spéculatifs sont dangereusement capables d'influencer soit la quantité, soit la qualité des investissements. Keynes nous suggère que la financiarisation rend encore plus dangereuse la tendance des pays à décharger sur d'autres pays les effets d'une crise interne. C'est pourquoi il est favorable à des programmes censés stimuler la consommation et décourager l'épargne, tout en s'opposant fermement aux solutions d'austérité.

À la conférence de Bretton Woods, Keynes a proposé la création d'une série d'institutions pour réguler le commerce international, tel le Fond monétaire international (FMI). Ces institutions furent mises en place tout en trahissant la proposition originale de Keynes, qui leur adjoignait une monnaie internationale pour les échanges, nommée *bancor*, dont le fonctionnement devait favoriser les exportations des pays faibles et éviter les excès d'exportations des plus puissants. Cette monnaie ne sera jamais créée.

Bien que le monde d'aujourd'hui soit profondément différent de celui de Keynes, il est toutefois possible de bénéficier de l'intemporalité du propos de la *Théorie* en soulignant les traits communs entre la dépression économique mondiale suivant la crise des *subprimes* de 2007 et la dépression de 1929. Aujourd'hui comme à l'époque, la massive financiarisation de l'économie et l'inégalité des revenus ont augmenté de plus en plus l'écart entre les décisions d'épargner et celles d'investir. Keynes nous a également montré l'écart entre les différentes influences sur l'économie qu'ont la masse d'épargnants (petits et grands) et les marchés financiers qui gèrent les stocks de richesses d'un système et qui sont capables d'influencer les quantités d'épargnes accumulées dans le temps.

L'HÉRITAGE DE KEYNES

Après la publication de la *Théorie générale de l'emploi, de l'intérêt et de la monnaie*, les postkeynésiens de l'école de Cambridge utilisent une approche purement keynésienne, surtout avec Joan Robinson (économiste britannique, 1903-1982), pour étudier les formes de marchés à concurrence imparfaite (c'est-à-dire caractérisés par la présence des monopoles ou oligopoles) jusqu'à tenter de la concilier à la pensée de Karl Marx (philosophe et économiste allemand, théoricien du socialisme, 1818-1883), comme Michał Kalecki (économiste polonais, 1899-1970) et Nicholas Kaldor (économiste britannique, 1908-1986) s'attachent à le faire.

En opposition à ces théoriciens se développe le courant de pensée de la synthèse néoclassique. Son instigateur, l'économiste britannique John R. Hicks (1904-1989), rassemble l'approche de la macroéconomie keynésienne avec l'idée d'équilibre général développée par l'économiste néoclassique Léon Walras (1834-1910). De ce schéma naît un important modèle analytique connu comme IS-LM (*investments and savings/ liquidity preference and money supply*). Dans les années 1960, cette idée est réadaptée pour l'analyse des économies ouvertes au sein du commerce international : c'est la création du modèle Mundell-Fleming, du nom de ses auteurs John Fleming (économiste britannique, 1911-1976) et Robert Mundell (économiste canadien, né en 1932).

Sur cette base, à partir des années 1960, la nouvelle économie keynésienne cherchera avec Joseph E. Stiglitz (économiste américain, né en 1943) et Olivier Blanchard (économiste français, né en 1948) à améliorer les fondements microéconomiques de l'approche de Keynes en se concentrant sur les problèmes liés à la rigidité des prix et salaires.

Entre 1960 et 1970 naissent deux écoles en opposition avec l'approche keynésienne : les monétaristes et la nouvelle macroéconomie classique. La première se développe à Chicago avec Milton Friedman (économiste américain, 1912-2006) et dénonce l'inefficacité des politiques monétaires en s'appuyant sur l'idée que le taux de chômage revient inévitablement vers un niveau naturel.

La seconde se développe à la fin des années 1970 et s'oppose radicalement au keynésianisme. Ses représentants, Robert E. Lucas (économiste américain, en 1937), Edward C. Prescott (économiste américain, né en 1940) et Thomas J. Sargent (économiste américain, né en 1943), soutiennent que le marché est toujours en équilibre et que la politique économique est inefficace et néfaste dans la plupart des cas, car les individus formulent toujours des attentes rationnelles en anticipant les effets des interventions publiques.

EN BREF

- John Maynard Keynes publie sa *Théorie générale de l'emploi, de l'intérêt et de la monnaie* le 5 février 1936 pour y développer sa théorie de la macroéconomie, qui se résume en quelques grands concepts.
- Les entrepreneurs fixent le volume de la production sur base de leurs prévisions sur les dépenses en consommation et en investissements.
- Le profit impose à l'offre de s'adapter à la demande, car le niveau d'emploi détermine le volume de la consommation dans un système, non celui de la production.
- Un système économique ne tend pas au plein emploi des ressources : souvent, il atteint un équilibre de sous-emploi, à savoir un équilibre macroéconomique qui induit immanquablement un certain taux de chômage.
- Les crises économiques tirent leur origine d'un faible niveau de la demande globale – à savoir la totalité des dépenses en investissements et consommation.

- L'instabilité des sociétés capitalistes est induite par ce que Keynes appelle la « loi psychologique fondamentale » (p. 60) : même si le revenu réel augmente, la consommation globale augmente en proportion mineure.
- Les pouvoirs publics peuvent stimuler la croissance grâce au multiplicateur des investissements, qui fait augmenter le niveau de la demande globale.
- Une augmentation de la demande globale donne confiance aux investisseurs/entrepreneurs et relance la reprise économique.
- L'État ne sera pas nécessairement en concurrence directe avec les investisseurs privés sur le marché des capitaux pour les financements des investissements.
- L'égalité entre épargne et investissement n'est mécaniquement pas assurée par les variations de taux d'intérêt, car ceci est plutôt le prix à payer au prêteur pour qu'il renonce à sa préférence pour la liquidité.

Votre avis nous intéresse !
Laissez un commentaire sur le site de votre librairie en ligne
et partagez vos coups de cœur sur les réseaux sociaux !

POUR ALLER PLUS LOIN

SOURCES BIBLIOGRAPHIQUES

- COSTA (Natalie) et LAUNAY (Odile), *John M. Keynes : vie, œuvres, concept*, Paris, Ellipses, 2010.
- KEYNES (John M.), *A Tract on Monetary Reform*, London, Macmillan & Company, 1923.
- KEYNES (John M.), *A Treatise on Money*, New York, Harcourt, Brace & Company, 1930.
- KEYNES (John M.), *A Treatise on Probability*, London, Macmillan & Company, 1921.
- KEYNES (John M.), *The Economic Consequences of Mr. Churchill*, London, Macmillan & Company, 1925.
- KEYNES (John M.), *The Economic Consequences of the Peace*, London, Macmillan & Company, 1919.
- KEYNES (John M.), *The End of Laissez-Faire*, London, Hogarth Press, 1926.
- KEYNES (John M.), *The General Theory of Employment, Interest and Money*, London, Macmillan & Company, 1936.
- RONCAGLIA (Alessandro), *The Wealth of Ideas. A History of Economic Thought*, Cambridge, Cambridge University Press, 2005.

- WAPSHOTT (Nicholas), *Keynes Hayek : The Clash That Defined Modern Economics*, New York, W. W. Norton & Company, 2012.

SOURCES COMPLÉMENTAIRES

- DOSTALER (Gilles), *Keynes et ses combats*, Paris, Albin Michel, 2009.
- GALBRAITH (John Kenneth), *La Crise économique de 1929*, Paris, Éditions Payot & Rivages, 2009.
- KAHN (Richard), *The Making of Keynes's General Theory*, Cambridge, Cambridge University Press, 1984.
- KEYNES (John M.), *Indian Currency and Finance*, London, Macmillan & Company, 1913.
- KEYNES (John M.), *How to Pay for the War : A Radical Plan for the Chancellor of the Exchequer*, London, Macmillan & Company, 1940.
- KEYNES (John M.), « The Objective of International Price Stability », in *Economic Journal*, n° 53, June-September, 1943, p. 185-187.
- KEYNES (John M.), *Essai sur la monnaie et l'économie*, Paris, Éditions Payot & Rivages, 1996.
- SKIDELSKY (Robert), *John Maynard Keynes (1883-1946) : Economist, Philosopher, Statesman*, New York, Penguin, 2005.

- Skidelsky (Robert), *Keynes : A Very Short Introduction*, Oxford, Oxford University Press, 2010.

L'éditeur veille à la fiabilité des informations publiées, lesquelles ne pourraient toutefois engager sa responsabilité.

www.50minutes.fr

Éditeur responsable : Lemaitre Publishing
Avenue de la Couronne 159 | BE-1050 Bruxelles
info@lemaitre-editions.com

ISBN ebook : 978-2-8062-9294-0
ISBN papier : 978-2-8062-9295-7
Dépôt légal : D/2017/12603/10
Photo de couverture : © ronstik – Fotolia.com

Conception numérique : Primento,
le partenaire numérique des éditeurs.